ຄຳກ້ອງກັນຂ້າມ

ຂຽນໂດຍ: ໂຈນາທານ ອາດາມສ໌
ຮູບໂດຍ: ຄິມເບີລິ ພາເຈໂຄ

Library For All Ltd.

DIGITAL LIBRARY
LIBRARY
FOR ALL
FOR THE WORLD

ต่ำ

ສູງ

ປຽກ

ແຂ້ງ

ທ່ຽງເປົ່າ

ເຕັມ

ໜັກ

เบิๆ

ไอ

ຊ້າ

ทยฯบ

ກ້ຽວ

ກາງເວັນ

ກາງຄືນ

ຕື່ນນອນ

ນອນຫຼັບ

ร้อน

ໝບໆວ

ຂຶ້ນ

ລົງ

ໃຫຍ່

ນ້ອຍ

ນ້ອຍຫງ່ານ

ນ້ອຍທີ່ສຸດ

ຂໍ້ມູນທາງບັນນາບຸກົມຂອງຫໍສະໝຸດແຫ່ງຊາດ

ໂຈນາທານ ອາດາມສ໌

ຄຳກິງກັບຂ້າມ L / ໂດຍ ໂຈນາທານ ອາດາມສ໌.
-- ອຸງຈັນ: ມັກອ່ານ, 2020

24 ໜ້າ: ພາບປະກອບສີ ; 21 ຊມ
1. ວັນນະກຳສຳລັບເດັກ
I. ຊື່ເລື່ອງ

808.899282 – dc21
ISBN 978-9932-09-025-9
ເລກທະບຽນພິມຈຳໜ່າຍ: ຕາມທນ 108 ພຈ 03022020

ກ່ຽວກັບຜູ້ຂຽນ

ຈນາທານ ອາຄາມ ອາໃສຢູ່ໃນ ແຄນເບີຣາ, ເຂດນະຄອນຫຼວງ
ຂອງອົດສະຕຣາລິ. ລາວເຮັດວຽກໃຫ້ກັບໂຮງຮຽນມັດທະຍົມເປັນ
ວລາ 10 ປີ ທັງເປັນຄູສອນ ຄະນິດສາດ ແລະ ເປັນຜູ້ນຳໂຮງຮຽນ.
ປະຈຸບັນລາວເປັນອາຈານສອນ ແລະ ຄົ້ນຄວ້າ ຫຼັກສູດ
ປະລິນຍາໂທ ດ້ານສຶກສາສາດ ວິຊາຄະນິດສາດທີ່
ມະຫາວິທະຍາໄລ ແຄນເບີຣາ.

ທ່ານມັກປຶ້ມເຫຼັ້ມນີ້ບໍ່?

ທ່ານສາມາດອ່ານປຶ້ມແບບນີ້ໄດ້ເພີ່ມເຕີມ
ທີ່ຜະລິດໂດຍອົງການ Library For All

ອົງການ Library For All ຜະລິດສື່ການອ່ານ ທີ່ມີຄຸນນະພາບ
ເໝາະສົມກັບວັດທະນະທຳເພື່ອການສຶກສາ ໂດຍນຳໃຊ້ບະອັດຕະ
ກຳແອັບພິເຄຊັ່ນທ້ອງສະໝຸດແບບອິນຸກ. ພວກເຮົາເຮັດວຽກຮ່ວມ
ກັບນັກຂຽນໃນທ້ອງຖິ່ນ, ຄູອາຈານ, ທີ່ປຶກສາດ້ານວັດທະນະທຳ,
ລັດຖະບານ ແລະ ອົງການຈັດຕັ້ງທີ່ບໍ່ຂຶ້ນກັບລັດຖະບານ
ເພື່ອມອບຄວາມສຸກຂອງການອ່ານໃຫ້ແກ່ເດັກນ້ອຍ ທຸກໆແຫ່ງ.

ມາອ່ານນຳກັນເທາະ!
libraryforall.org

www.ingramcontent.com/pod-product-compliance
Lightning Source LLC
Chambersburg PA
CBHW040207160726
48006CB00014B/1939